CAPÍTULO 1: INTRODUÇÃO

SEÇÃO: APRESENTAÇÃO DO CONCEITO DE RIQUEZA E O DESEJO DE SE TORNAR BILIONÁRIO

INTRODUZIR O LEITOR AO MUNDO DA RIQUEZA E AO AMBICIOSO OBJETIVO DE SE TORNAR BILIONÁRIO É FUNDAMENTAL PARA ESTABELECER O TOM DO EBOOK. AQUI ESTÃO ALGUNS PONTOS A SEREM CONSIDERADOS NESSA SEÇÃO:

1. Definindo Riqueza:

– Explica o que significa ser rico e como essa definição pode variar de pessoa para pessoa.

– Destaca a diferença entre ter uma quantidade substancial de dinheiro e viver uma vida verdadeiramente próspera.

2. O Desejo de Ser Bilionário:
– Aborde o fascínio global com a ideia de bilhões, explorando como a sociedade muitas vezes associa riqueza extrema com sucesso e realização.
– Discuta casos de bilionários famosos e suas histórias de sucesso para inspirar o leitor.

3. A Importância do Desejo:

– Explore como o desejo de se tornar bilionário pode servir como um motivador poderoso para ação e empreendedorismo.

– Destaque exemplos de pessoas comuns que transformaram seus sonhos em bilhões através de ambição e trabalho árduo.

4. OS DESAFIOS DA RIQUEZA:
– Admita que alcançar a riqueza extrema vem com desafios únicos, como pressões sociais, gestão de recursos e tomada de decisões complexas.

– DISCUTA COMO O DESEJO DE RIQUEZA DEVE SER ACOMPANHADO POR UMA MENTALIDADE EQUILIBRADA E ÉTICA.

5. Diversidade de Definições de Sucesso:
– Reconheça que o sucesso pode ter várias formas e que a busca pela riqueza deve ser complementada por objetivos pessoais, familiares e sociais.
– Incentive uma abordagem holística para o sucesso, indo além do aspecto financeiro.

Ao abordar esses pontos, a introdução não apenas te cativa , mas também estabelece as bases para explorar estratégias práticas nos capítulos seguintes.

Estudo de Caso: O Caminho de Hael Arcanjo para o primeiro Bilionário da Familia.

Conhecer a jornada de alguém que alcançou o status de bilionário pode oferecer insights valiosos sobre os desafios enfrentados e as estratégias adotadas. Vamos chamar nosso protagonista "Hael Arcanjo" para relatar esse caso.

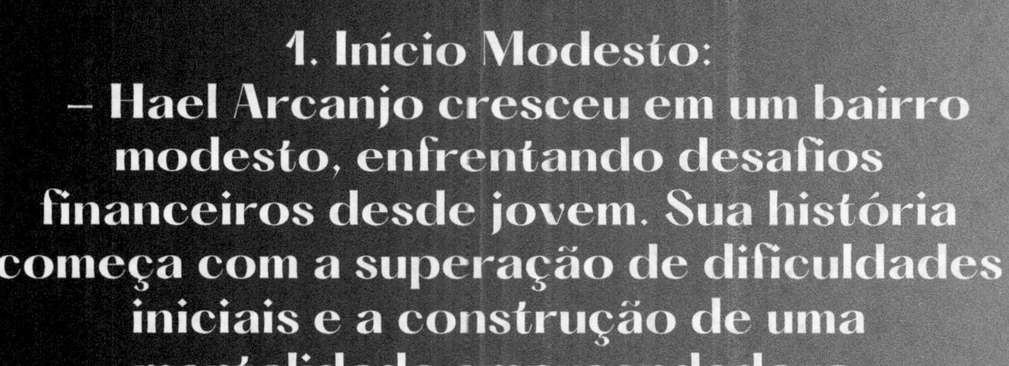

1. Início Modesto:
– Hael Arcanjo cresceu em um bairro modesto, enfrentando desafios financeiros desde jovem. Sua história começa com a superação de dificuldades iniciais e a construção de uma mentalidade empreendedora.

2. A Importância da Educação Financeira:
– Hael compreendeu cedo a importância da educação financeira. Ele investiu tempo e recursos em aprender sobre investimentos, mercados financeiros e estratégias de negócios.

3. Diversificação Inteligente:
– Ao acumular uma quantia significativa, Hael não colocou todos os ovos na mesma cesta. Ele diversificou seus investimentos em setores como tecnologia, imobiliário e energia, minimizando os riscos.

4. Construção de Relacionamentos e Networking:
– Hael investiu ativamente na construção de relacionamentos sólidos. Participou de eventos, conferências e se associou a indivíduos influentes em sua indústria, abrindo portas para oportunidades estratégicas.

5. Inovação Constante:
– Reconhecendo a importância da inovação, Hael manteve-se atualizado com as últimas tendências tecnológicas. Sua disposição para adotar novas ideias contribuiu significativamente para o crescimento constante de seus negócios.

6. Resiliência Diante de Desafios:

– A jornada de Hael não foi isenta de desafios. Ele enfrentou crises econômicas, mudanças no mercado e contratempos pessoais. Sua resiliência e capacidade de aprender com os fracassos foram fundamentais para sua trajetória.

8. Contribuição para a Sociedade:

– À medida que sua riqueza crescia, Hael reconheceu a responsabilidade social. Ele fundou organizações beneficentes, apoiou causas filantrópicas e buscou maneiras de usar sua fortuna para impactar positivamente a sociedade.

A história de Hael destaca não apenas a conquista da riqueza, mas também a importância de valores como educação financeira, inovação, resiliência e contribuição social ao longo da jornada em direção ao bilionário. Este estudo de caso pode servir como inspiração e guia para aqueles que buscam o mesmo objetivo.

Capítulo 2: Defina Seus Objetivos Financeiros

Definir metas financeiras claras é um passo crucial para quem almeja alcançar a riqueza. Aqui estão alguns elementos essenciais para desenvolver e alcançar metas financeiras:

1. Estabelecimento de Metas Claras:

– Descreva a importância de ter metas financeiras específicas, mensuráveis, alcançáveis, relevantes e com prazo (conhecidas como metas SMART).

– Exemplos de metas: acumular um determinado montante de dinheiro, atingir uma receita anual específica, ou expandir um negócio para novos mercados.

2. Hierarquia de Metas:

– Ajude o leitor a entender a hierarquia das metas, desde metas de curto prazo até metas de longo prazo. Estabelecer prioridades é fundamental para direcionar esforços e recursos de maneira eficaz.

3. Metas Pessoais e Profissionais:

– Incentive a definição de metas financeiras que atendam tanto às aspirações pessoais quanto às profissionais.

– Explore como a riqueza pode ser uma ferramenta para alcançar não apenas a segurança financeira, mas também realizar sonhos e contribuir para causas significativas.

4. Plano de Ação:
– Orientações
sobre como criar um
plano de ação
detalhado para cada
meta. Isso pode
incluir etapas
específicas, prazos,
investimentos
necessários e
recursos disponíveis.

5. Ajustes ao Longo do Caminho:
– Discuta a flexibilidade necessária para ajustar metas conforme as circunstâncias mudam. A adaptação é uma parte importante do processo de definição de metas.

6. Acompanhamento e Avaliação:

– Destaque a importância de monitorar o progresso em direção às metas regularmente.

– Sugerir ferramentas e métodos para avaliação, como balanços financeiros mensais, revisões anuais de metas e a busca por feedback de mentores ou profissionais financeiros.

7. Exemplos Práticos:
– Apresente exemplos práticos de pessoas reais que estabeleceram metas financeiras específicas e alcançaram o sucesso. Isso pode inspirar e ilustrar como metas bem definidas podem ser alcançadas.

Ao ajudar os leitores a definir metas financeiras tangíveis e proporcionar orientações práticas para alcançá-las, este capítulo contribuirá significativamente para orientar os leitores na direção certa em sua busca pela riqueza.

Capítulo 3: Educação Financeira

Desenvolver uma sólida base de conhecimento financeiro é crucial para alcançar o objetivo de se tornar bilionário. Neste capítulo, o foco será em promover a educação financeira como uma ferramenta essencial para tomar decisões informadas e estratégicas.

1. A Importância da Educação Financeira:

– Explique por que a educação financeira é fundamental para tomar decisões conscientes e evitar armadilhas financeiras.

– Destaque os benefícios a longo prazo de investir tempo e recursos na própria educação financeira.

2. Recursos de Educação Financeira:

– Apresente uma lista de recursos acessíveis para aprender sobre finanças pessoais e investimentos. Isso pode incluir livros, cursos online, podcasts e websites confiáveis.

3. Construção de Competências Financeiras:

– Identifique as habilidades específicas necessárias para navegar no mundo financeiro, como orçamento, investimento, leitura de relatórios financeiros e compreensão de mercados.

4. Mentores e Consultores Financeiros:
– Destaque a importância de buscar orientação de mentores ou profissionais financeiros experientes.
– Explique como um mentor pode fornecer insights valiosos, orientação prática e experiências pessoais.

5. Planejamento Tributário:

– Introduza noções básicas de planejamento tributário e como entender o impacto fiscal das decisões financeiras.

– Sugira a importância de consultar profissionais especializados em impostos.

6. Atualizações Constantes:

– Enfatize a natureza em constante evolução dos mercados financeiros e das leis tributárias. Incentive a busca contínua por conhecimento e atualizações regulares.

7. Exemplos de Sucesso:

– Compartilhe histórias de sucesso de indivíduos que atribuem parte significativa de sua riqueza à educação financeira.

– Destaque como o conhecimento financeiro os capacitou a tomar decisões estratégicas e a evitar armadilhas comuns.

Ao final deste capítulo, os leitores devem sentir-se capacitados e motivados a investir em sua própria educação financeira, percebendo-a como um pilar fundamental para alcançar o objetivo de se tornar bilionário.

Lembre-se de que se tornar bilionário geralmente envolve uma combinação de habilidades empreendedoras, inovação, investimentos bem-sucedidos e, em muitos casos, alguma dose de sorte. Além disso, é fundamental buscar informações atualizadas e conselhos específicos de profissionais qualificados ao tomar decisões financeiras importantes.